まちごとインド

North India 005 South Delhi
南デリー
イスラム征服王朝と「その足跡」
दक्षिण दिल्ली

Asia City Guide Production

【白地図】北インド

北インド

South Delhi

白地図

【白地図】デリー

INDIA
北インド

デリー

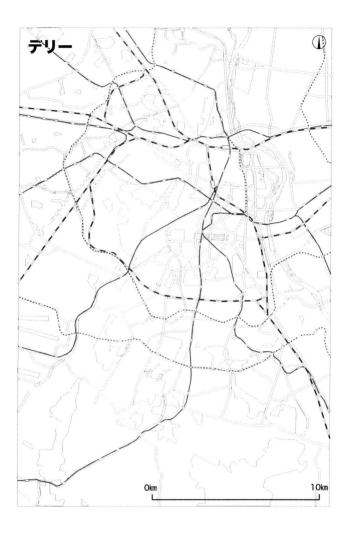

South Delhi 白地図

【白地図】南デリー

INDIA
北インド

南デリー

South Delhi 白地図

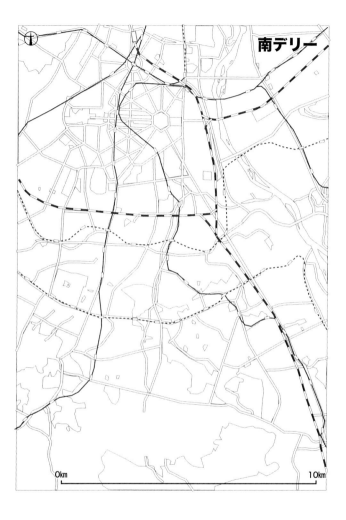

【白地図】デリー首都圏

INDIA
北インド

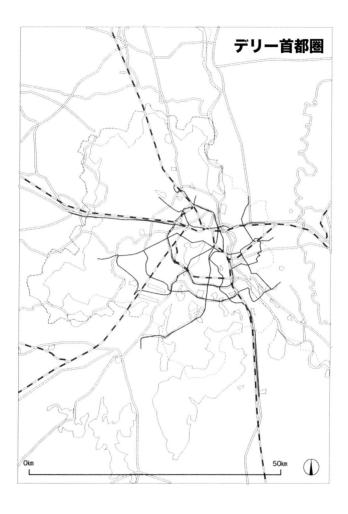

デリー首都圏

South Delhi

白地図

【白地図】クトゥブミナール

INDIA
北インド

【白地図】クトゥブ地区

INDIA
北インド

クトゥブ地区

South Delhi

白地図

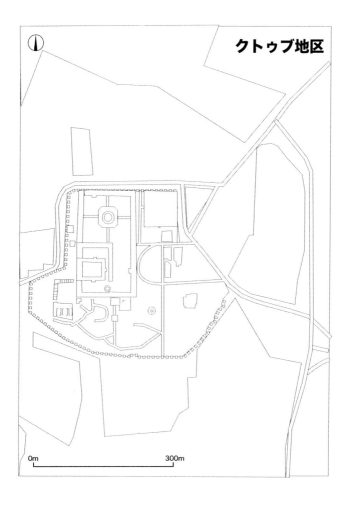

【白地図】チャッタルプル

INDIA
北インド

【白地図】ハウズカース

INDIA
北インド

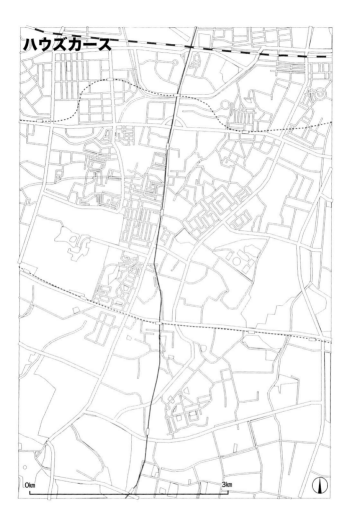

ハウズカース

South Delhi 白地図

【白地図】カイラッシュコロニー

INDIA
北インド

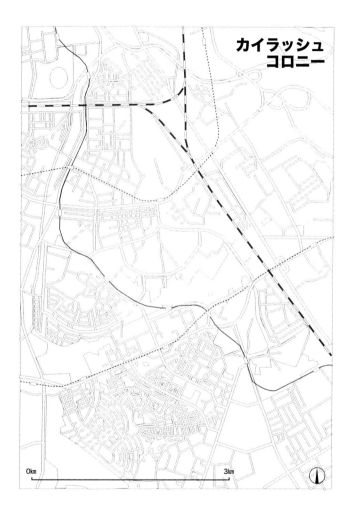

**カイラッシュ
コロニー**

South Delhi 白地図

【白地図】バハイ寺院

INDIA
北インド

バハイ寺院

South Delhi

白地図

【白地図】トゥグラカーバード

INDIA
北インド

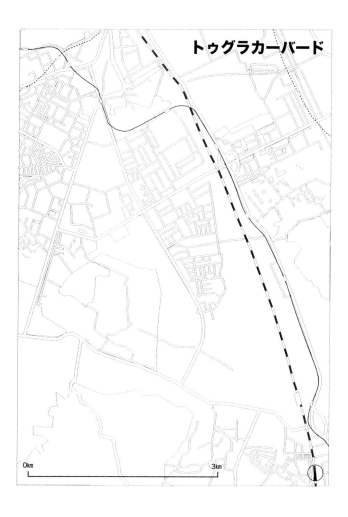

トゥグラカーバード

South Delhi ｜ 白地図

【白地図】トゥグラカーバードフォート

INDIA
北インド

トゥグラカーバード フォート

South Delhi | 白地図

【白地図】グルガオン

INDIA
北インド

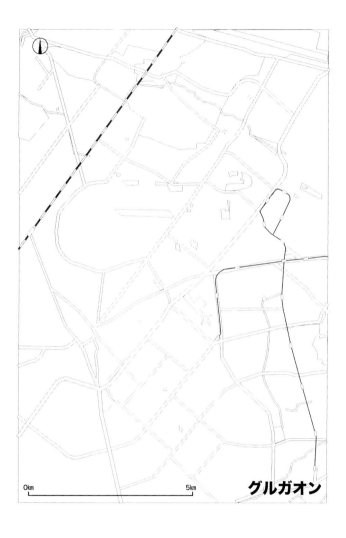

【白地図】グルガオン中心部

INDIA
北インド

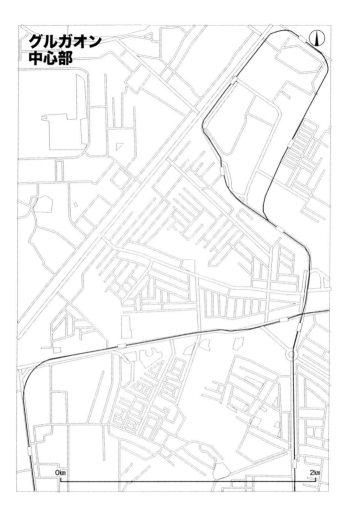

【白地図】ノイダ

INDIA
北インド

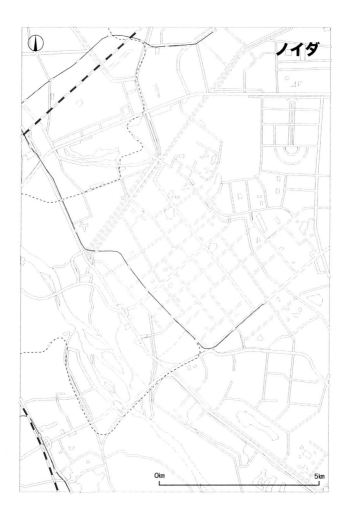

【まちごとインド】
北インド 001 はじめての北インド
北インド 002 はじめてのデリー
北インド 003 オールド・デリー
北インド 004 ニュー・デリー
北インド 005 南デリー
北インド 012 アーグラ
北インド 013 ファテープル・シークリー
北インド 014 バラナシ
北インド 015 サールナート
北インド 022 カージュラホ
北インド 032 アムリトサル

INDIA
北インド

世界遺産のクトゥブ・ミナールやトゥグルカーバードなど、中世インドを支配した王朝の遺跡群が見られる南デリー。現在に続くデリーの街はこの地域のラールコートあたりからはじまったとされ、8世紀から南デリーに都をおいたラージプート族の遺構も残っている。

中世になるまでマウリヤ朝やグプタ朝の都があったガンジス河中流域から見ると、デリーは辺境に過ぎなかったが、10世紀以降、北西からインドに侵入したイスラム勢力の登場で状況は一変した。「デリーを制する者はインドを制する」と言

South Delhi
南デリー
दक्षिण दिल्ली

われ、インド支配の足がかりのための都が南デリーに次々に築かれ、「七度の都」と呼ばれるようになった。

　17世紀になってムガル帝国のシャー・ジャハーン帝がオールド・デリーを造営したことで街の中心は北側に移り、南デリーは古代遺跡が残る地域となっていた。現在、デリー市街の拡大とともに、中世の遺跡群は大きなデリーのなかにふくまれ、デリー南部では住宅街や高層建築が見られる。

【まちごとインド】

北インド 005 南デリー

目次

南デリー ……………………………………………………… xxxii

中世と躍進する首都圏 ……………………………………… xxxviii

クトゥブ地区城市案内 ……………………………………… xlix

トルコ人デリー征服譚 ……………………………………… lxvii

ハウズカース城市案内 ……………………………………… lxxiv

カイラッシュコロニー城市案内 …………………………… lxxxiii

トゥグルカーバード城市案内 ……………………………… xciii

グルガオン城市案内 ………………………………………… ci

ノイダ城市案内 ……………………………………………… cix

イスラムのインド浸透 ……………………………………… cxv

【MEMO】

【地図】北インド

中世と躍進する首都圏

INDIA 北インド

開発が進む郊外の南デリー
ここは中世、侵入してきたイスラム王朝が
繰り返し都を造営した地でもある

デリー征服のモニュメント

中世、デリーの地にはラージプート系のヒンドゥー王朝があったが、1192年、中央アジアから侵入したイスラム王朝がタラインの戦いで勝利してデリーに入城した。このヒンドゥーに対するイスラムの勝利を記念して建てられたものが、南デリーに立つ戦勝記念塔クトゥブ・ミナールで、以来、デリーはイスラム諸王朝の都が構えられることになった（12世紀末より、ムガル帝国が滅亡する19世紀までデリーはイスラム王朝の統治下にあった）。デリーに都をおいたイスラム諸王朝は繰り返したことから、南デリーの地には中世の遺

▲左 クトゥブ・ミナールを中心に遺構が展開する。 ▲右 中世以来デリーにイスラム教が根づいていった

跡がいくつも残ることになった。

超巨大デリー首都圏の誕生

1947年の印パ独立にともなってデリーには難民が流入し、くわえて２０世紀後半から急速に人口が増加するようになっていた。こうしたなか過密する人口を分散し、産業を分散するデリー首都圏計画(NCR)が1980年代より進められ、デリー周囲のグルガオン、ファリダバード、ガジアバードなどに衛星都市をつくられることになった。現在、このデリー首都圏はハリヤナ州、ウッタル・プラデーシュ州、ラジャスタン州

【地図】デリー

【地図】デリーの [★★★]
- [ ] クトゥブ・ミナール Qutb Minar
- [ ] バハイ寺院 Bahai House of Worship

【地図】デリーの [★☆☆]
- [ ] トゥグルカーバード Tughluqabad
- [ ] バサント・ロック・マーケット Basant Lok Market
- [ ] インディラ・ガンディー国際空港 Indira Gandhi International Airport
- [ ] グルガオン Gurgaon
- [ ] ノイダ Noida

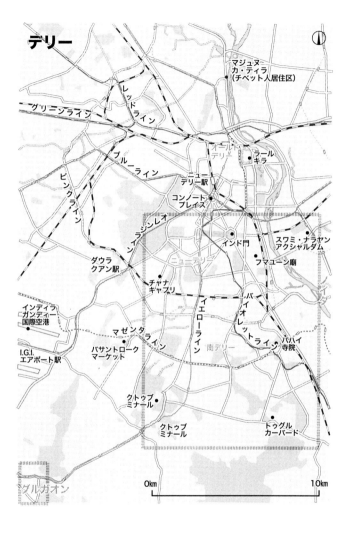

【地図】南デリー

【地図】南デリーの [★★★]

- [ ] クトゥブ・ミナール Qutb Minar
- [ ] バハイ寺院 Bahai House of Worship

【地図】南デリーの [★☆☆]

- [ ] トゥグルカーバード Tughluqabad
- [ ] チャッタルプル寺院 Chhatarpur Mandir
- [ ] ハウズ・カース Hauz Khas
- [ ] シーリー Siri

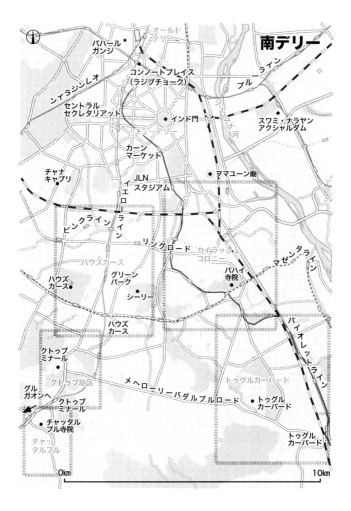

INDIA
北インド

をふくむ超巨大都市へと発展している。

台頭する新中間層

1947年に独立したインドでは、社会主義的な要素の強い経済政策が進められてきたが、やがて外資を呼び込み、民間企業の活力を利用する経済自由化へ転換した。この経済自由化を受けて1980年代から都市部で台頭したのが新中間層と呼ばれる人々で、ある程度の所得があり、消費の中心となるようになった（植民地時代から英語教育を受けていたエリート層とは区別される）。これらの人々は優れた住環境が確保さ

【MEMO】

【地図】デリー首都圏

【地図】デリー首都圏の [★★★]
- [ ] クトゥブ・ミナール Qutb Minar

【地図】デリー首都圏の [★☆☆]
- [ ] インディラ・ガンディー国際空港 Indira Gandhi International Airport
- [ ] グルガオン Gurgaon
- [ ] ノイダ Noida

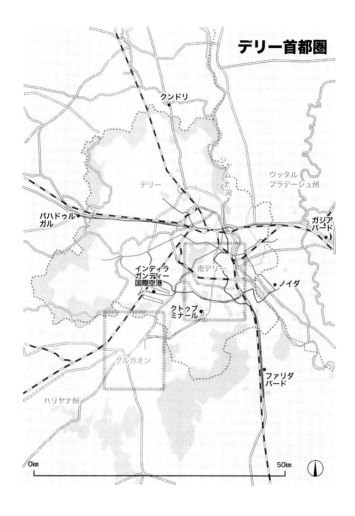

れた南デリーやそのさらに南側のグルガオンに住宅を構え、巨大なデリー首都圏が現れるようになった。

**Guide,
Qutb Area**
クトゥブ
城市案内

1192年、デリーを征服したイスラム王朝による
戦勝記念塔クトゥブ・ミナール
ラール・キラ、フマユーン廟とならんで世界遺産に登録されている

कुतुब परिसर ; クトゥブ地区 Qutb Area ［★★★］

デリー南部にそびえる高さ73mのクトゥブ・ミナールはデリーにはじめてイスラム王朝（奴隷王朝）を樹立したクトゥブッディーン・アイバクによるもので、「（イスラムにとって）異教徒が暮らすヒンドゥスタンを征服した」ことを示すために築かれた戦勝塔となっている。中世のデリーはこのクトゥブ・ミナールが立つあたりにあり、ヒンドゥー王朝を滅ぼしたイスラム諸王朝も引き続き、この地に宮廷をおいた。12世紀末から300年続くデリー・サルタナット朝がはじまり、インドにイスラム教が浸透していくことになった。

【地図】クトゥブミナール

【地図】クトゥブミナールの [★★★]
- [ ] クトゥブ・ミナール Qutb Minar

【地図】クトゥブミナールの [★☆☆]
- [ ] ラールコート Lal kot
- [ ] シェイフ・クトゥブッディーン廟 Mausoleum of Qutb al din

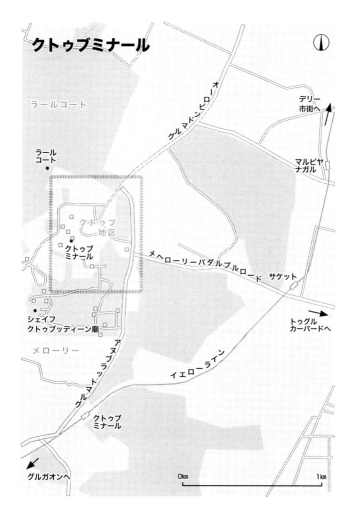

【地図】クトゥブ地区

【地図】クトゥブ地区の [★★★]
- クトゥブ地区 Qutb Area
- クトゥブ・ミナール Qutb Minar

【地図】クトゥブ地区の [★★☆]
- クワット・アル・イスラム・モスク Quwwat al-Islam Mosque
- アライ・ミナール Alai Minar
- スルタン・イレトゥミシュの墓 Mausoleum of Iltmish

【地図】クトゥブ地区の [★☆☆]
- チャンドラヴァルマン王の鉄柱 Ipon Pillar
- アラーウッディーン・ハルジーの墓 Tomb of Ala'al Din Khalji
- アライ・ダルワザ Alai Darwaza

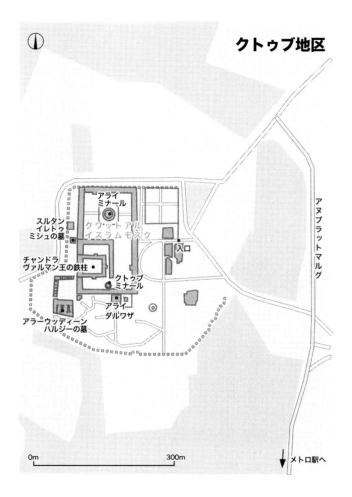

INDIA
北インド

कुतुब परिसर；クトゥブ・ミナール Qutb Minar ［★★★］

イスラム世界でも有数の高さ73mをほこる赤砂岩製のクトゥブ・ミナール。1192年のデリー制圧後しばらくしてクトゥブ・ミナールの造営がはじまり、円形と三角形のプランを交互にしながら、上部に伸びていく様式をもつ。アイバクの時代から、工事は奴隷王朝の支配基盤を整えたイレトゥミシュの時代に受け継がれて完成した（一般的なミナレットがモスクに付随し、礼拝を告げるアザーンを流す目的なのに対して、このミナレットはインドを征服した戦勝記念塔となっている。二層目以上がイレトゥミシュの時代の完成）。ミナ

▲左　オールド・デリーよりさらに古い都がここにおかれていた。　▲右　天をつくようなミナレット、高さ73m

レット内には上部へいたる379段の螺旋階段があり、壁面には『コーラン』の詩句が刻まれている。

कुव्वत-उल-इस्लाम मस्जिद ; クワット・アル・イスラム・モスク
Quwwat al-Islam Mosque [★★☆]

「イスラムの力」を意味するクワット・アル・イスラム・モスク。デリーを制圧したイスラム教徒がその信仰のために建立し、現存するインド最古級のモスクとなっている。13世紀初頭の奴隷王朝のアイバクの時代に建てられ、イレトゥミシュが増築し、続くハルジー朝アラーウッディーン・ハルジー

INDIA
北インド

の時代にそれまでの 10 倍以上の規模に拡張された。モスクの建造にあたって、27 ものヒンドゥー寺院やジャイナ寺院が破壊され、その石材をもちいられている（神の彫刻がほどこされていた柱の一部は削りとられた）。当時、イスラムの建築技術を学んだインド人工匠も多かったという。

लौह स्तंभ;チャンドラヴァルマン王の鉄柱 Ipon Pillar [★☆☆]

モスクの敷地に立つ高さ 7m のチャンドラヴァルマン王の鉄柱。この鉄柱は 4 世紀にガンジス河中流域のヴィシュヌ寺院から運ばれたもので、グプタ朝のチャンドラグプタ 2 世に捧

▲左　完成していれば恐るべき高さになっていたであろうアライ・ミナール。
▲右　純度が高いためさびないチャンドラヴァルマン王の鉄柱

げるものだったと言われる。鉄の純度が100％に近いため、酸化せず、1500年以上たってもさびていない。

अलाई मीनार；アライ・ミナール Alai Minar ［★★☆］

アライ・ミナールは高さ20mほどの巨大な基壇跡。奴隷王朝に代わったハルジー朝（デリー・サルタナット第2王朝）のアラーウッディーン・ハルジーの命で、高さ150mになるミナレットの工事が1312年に着工した。結局、モンゴル軍侵入などのため完成しなかったが、現在、その基壇が残り、直径はクトゥブ・ミナールの2倍近い。

INDIA
北インド

इल्तुतमिश का मकबरा ;
スルタン・イレトゥミシュの墓 Mausoleum of Iltmish[★★☆]

クワット・アル・イスラム・モスクの西側に残る奴隷王朝の第3代スルタン・イレトゥミシュの墓。イレトゥミシュはもともと中央アジアのイルバリー族の長だったが、奴隷に転落し、アイバクに買われてその配下の武将となっていた。アイバク死後、美しい容姿と魅力的な人格、的確な政治判断など実力でスルタンへ即位した。アッバース朝カリフに使者を送るなど、デリー・スルタン王朝の礎を築いた名君とされる。

▲左 デリー・サルタナット朝の王たちがここに眠る。 ▲右 見事な装飾が見られるスルタン・イレトゥミシュの墓

अलाउद्दीन खिलजी का मकबरा ; アラーウッディーン・ハルジーの墓 Tomb of Ala'al Din Khalji ［★☆☆］

奴隷王朝に代わって北インドを支配したトルコ系ハルジー族のアラーウッディーン・ハルジーの墓。この王は、1298年、パンジャーブに侵入した10万のモンゴル軍を破るなど武勇をほこった。またデカン高原へ遠征し、デリー・サルタナット朝の勢力を南インドにまで広げ、「スィカンダル・サーニー(第2のアレキサンダー)」と自らを呼んだ。ハルジー朝と続くトゥグルク朝までがデリー・サルタナット朝の全盛期だったと言える。クトゥブ・ミナールの南西に位置する。

INDIA
北インド

अलाई दरवाज़ा；アライ・ダルワザ Alai Darwaza ［★☆☆］

クトゥブ地区にある建築群の南側の門にあたるのがアライ・ダルワザ。赤砂岩製の門で、幾何学模様や植物の浮彫がほどこされている（イスラムでは偶像崇拝が禁じられているため、このような模様がもちいられた）。

लालकोट；ラールコート Lal kot ［★☆☆］

中世ヒンドゥー王朝の都がおかれていたラールコート。1192年、イスラム王朝がヒンドゥー王朝に代わってデリーを支配すると、引き続きこの地に都がおかれた。

कुतबुद्दीन बख्तियार काकी का मकबरा ;
シェイフ・クトゥブッディーン廟
Mausoleum of Qutbuddin [★☆☆]

13世紀、デリー・サルタナット朝の初期に活躍したイスラム聖者シェイフ・クトゥブッディーンの霊廟。中央アジアのフェルガナ地方に生まれたクトゥブッディーンは、イスラム世界の中心であったバグダッドで修行した後、イスラム教を布教するためにデリーに派遣された。当時のデリーはほとんどイスラム聖者がいなかったことから、スルタンから篤いもてなしを受けたと伝えられる。1526年、デリーに入城した

バーブル帝がまず行なったのが、ニザームッディーンとクトゥブッディーンの墓を訪ねることで現在の建物はムガル帝国末期に築かれた。クトゥブ・サーヒブの愛称で呼ばれ、多くの巡礼者を集めている。

आद्या कात्यायिनी मंदिर ;
チャッタルプル寺院 Chhatarpur Mandir ［★☆☆］

チャッタルプル寺院は、クトゥブ・ミナールの南に位置する新興のヒンドゥー寺院複合体。カイラス山やカシミールなどインド各地を放浪した聖者シュリー・ナグパル・ババが

【MEMO】

【地図】チャッタルプル

【地図】チャッタルプルの [★★★]
- [ ] クトゥブ・ミナール Qutb Minar

【地図】チャッタルプルの [★☆☆]
- [ ] シェイフ・クトゥブッディーン廟 Mausoleum of Qutb al din
- [ ] チャッタルプル寺院 Chhatarpur Mandir

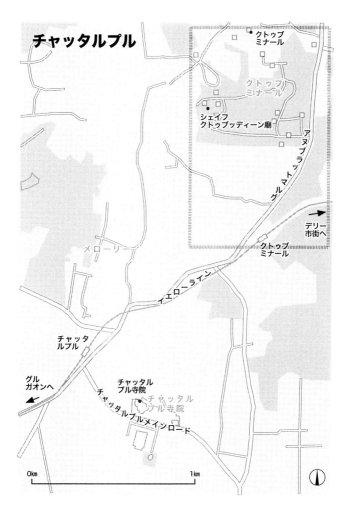

INDIA
北インド

1970年代にこのあたりにアーシュラムを構え、以来、ヒンドゥー教徒の巡礼地へと成長をとげた。28万平方メートルという広大な敷地に、カタヤニ女神、シヴァ神、ラーマ神、ハヌマン神、クリシュナ神、ガネーシャ神といったヒンドゥー教の神さまをまつる寺院群が展開する。またそれらは南インドのピラミッド型シカラをもつ様式、北インドのドーム屋根をもつ様式などインド各地の建築様式で建てられている。ヒンドゥー寺院のほか、病院や学校、福祉施設なども併設する。

トルコ人デリー征服譚

宮廷奴隷アイバクに率いられたイスラム勢力
1192年、タラインの戦いでヒンドゥー勢力は敗れ
デリーは新たな支配者のものとなった

アイバクによる奴隷王朝の樹立

11世紀ごろからトルコ人を中心とするガズニ朝やゴール朝が中央アジアからインドに侵入し、しばしば略奪を行なっていた。ゴール朝に仕える宮廷奴隷アイバクは、インド遠征軍の将軍のひとりで、1192年、タラインの戦いに勝利したゴール朝軍は兵を進めてデリーを占領した。その後、収奪した戦利品をもって本拠地に帰る予定だったが、ゴール朝の君主ムハンマドが急死したことから、アイバクはデリーにとどまり、1206年、敵のプリトゥヴィラージの居城を自らの宮廷とし

てこの地に独立政権(奴隷王朝)を打ち立て、アッバース朝カリフの権威を認めるスルタン(地方領主)を名乗った。

INDIA
北インド

奴隷王朝とは

かつてイスラム世界では奴隷の所有が認められていて、宮廷に仕えて権力を握ったり、結婚も許されるなど西洋のものとは異なっていた。奴隷王朝のアイバク、イレトゥミシュ、バルバンらはいずれも奴隷出身者が政権をとったことからこの名前で呼ばれるほか、宮廷に仕えるトルコ系奴隷軍人が樹立した王朝としてエジプトのマムルーク朝が知られる。

プリトヴィラージの恋物語

12世紀、北インドのラージプート諸国家のなかでデリーに

▲左　多くの観光客が訪れるクトゥブ地区。　▲右　クトゥブ・ミナールにほどこされた精緻な意匠

あったチャーハマーナ朝。その王プリトゥヴィラージは宿敵のカナウジ王姫に恋し、また王姫も彼を想っていた。カナウジ王はねたみからリトゥヴィラージを王姫の婿選びに呼ばず、その像をつくらせて宮廷の門においた。慕う相手がいないままで、求婚者たちに言い寄られた姫は、花輪を求婚者ではなく、プリトゥヴィラージの像にかけて想いを示した。するとそこへ本物の王が現れ、姫を愛馬に乗せて去っていった。ふたりの愛はこうして実ったが、最愛の王姫を奪われたカナウジ王は、外敵イスラムの侵入にも協力せず、プリトゥヴィラージはイスラム勢力に敗れることになった。

INDIA
北インド

仏教教団滅亡

1192年、デリーを制圧したゴール朝の一派ムハンマド・バフティヤール・ハルジーが率いる勢力は、そのまま東征を続けてベンガル地方にまで達した。このときナーランダ、ヴィクラマシーラなどの仏教僧院が1203〜03年に破壊され、仏教僧は虐殺された。こうして仏教教団はインドからついえ、その伝統はヒマラヤを越えてチベットに移ることになった。ハルジー族がベンガル地方に拠点をかまえたことから、この地はイスラム化し、バングラデシュがパキスタンとならんでイスラム教の国なのは、ムハンマド・バフティヤール・ハルジーの進軍によるものだとされる。

Guide,
Hauz Khas
ハウズカース
城市案内

INDIA
北インド

豊かな緑が広がるハウズ・カース
地下鉄イエローラインで
デリー中心部と結ばれている

हौज़ ख़ास ; ハウズ・カース Hauz Khas ［★☆☆］

南デリーの一角にある緑豊かな公園ハウズ・カース。ここはトゥグルク朝の第3代スルタン・フィローズ・シャーが造営した貯水池とその周囲にフィローズ・シャーの墓廟や中世デリーのいくつかの遺構が点在する（この公園の東にデリー第2の都シーリーがあった）。フィローズ・シャーは、岩盤のうえに立つデリーの水利を考えていくつかの貯水池をつくっているが、ハウズ・カースはそのなかのひとつ。この公園の周囲には、落ち着いた街並みが広がっている。

हौज़ खास गांव ;
ハウズ・カース・ヴィレッジ Hauz Khas Village [★☆☆]

デリーに暮らす中流層や感度の高い人々が集まるハウズ・カース・ヴィレッジ。ハウズ・カース公園に位置し、20世紀末ごろからカフェやショップがならぶエリアとなった。

फिरोज शाह के मकबरे ;
フィローズ・シャー廟 Tomb of Firoz Shah [★☆☆]

ハウズ・カースに位置するトゥグルク朝第3代スルタン・フィローズ・シャーの墓廟。スルタンが即位した時代（14世紀）、

INDIA
北インド

前代ムハンマドがデリーからデカン高原への遷都が試みられるなど、トゥグルク朝は混乱期にあったが、フィローズ・シャーは学校や病院といった公共建築を建てるなどして安定した治世を実現した。この王はデリーに第5の都フィローザバードを築いているが、その遺構がオールド・デリー南東の公園フィローズ・シャー・コートラに残っている。

सिरी ; シーリー Siri [★☆☆]

デリー・サルタナット朝によって築かれたデリー第2の都シーリー。クトゥブ・ミナールの北東側の位置に、奴隷王朝

【MEMO】

【地図】ハウズカース

【地図】ハウズカースの [★★★]
- [ ] クトゥブ・ミナール Qutb Minar

【地図】ハウズカースの [★☆☆]
- [ ] ハウズ・カース Hauz Khas
- [ ] ハウズ・カース・ヴィレッジ Hauz Khas Village
- [ ] フィローズ・シャー廟 Tomb of Firoz Shah
- [ ] シーリー Siri
- [ ] シェイフ・ナスィールッディーン廟 Mausoleum of Shaikh Nasir al din Mahmud

INDIA
北インド

に続くハルジー朝のスルタン・アラーウッディーン・ハルジー(在位1296〜1316年)によって建設された(アラーウッディーン・ハルジーは、クトゥブ地区により高いアライ・ミナールを試みた人物)。モスクや城壁などの遺構が残っている。

नासिर उद् दीन महमूद के मकबरे ;
シェイフ・ナスィールッディーン廟
Mausoleum of Shaikh Nasir al din Mahmud [★☆☆]

ニザームッディーン、クトゥブッディーンとならんで知られるイスラム教チシュティー派の聖者シェイフ・ナスィールッ

▲左　デーヴァナーガリー文字で記された看板。　▲右　美しいファッションをまとったインド人女性がゆく

ディーンの霊廟。トゥグルク朝の統治する14世紀のデリーで、イスラム教の布教につとめた。ラクナウに生まれたナスィールッディーンがデリーに来たのは40歳を超えてからのことでニザームッディーンの後継者として活躍したという。

वसंत विहार；
バサント・ロック・マーケット Basant Lok Market ［★☆☆］

リング・ロードを越えたデリー市街の南西部に位置するバサント・ロック・マーケット。デリーの経済発展にともなってショップや銀行、レストランなどが集まるようになった。

Guide, Kailash Colony
カイラッシュコロニー城市案内

蓮をモチーフにした
美しいたたずまいのバハイ寺院
この国の宗教的寛容さもうかがえる

ग्रेटर कैलाश ;
GK1 N Block マーケット GK1 N Block Market［★☆☆］

デリー市街南部のラジパット・ナガルからカイラッシュ・コロニーにかけてはデリーの高級住宅街となっている。グレーター・カイラッシュ1のNブロックには富裕層の訪れるショップやレストラン、カフェがならび、感度の高い雑貨、ファッションなどを発信している（GK1とは、グレーター・カイラッシュ1の略称）。

【地図】カイラッシュコロニー

【地図】カイラッシュコロニーの [★★★]
- [ ] バハイ寺院 Bahai House of Worship

【地図】カイラッシュコロニーの [★☆☆]
- [ ] GK1 N Block マーケット GK1 N Block Market
- [ ] ネルー・プレイス Nehru Place
- [ ] カルカジ・マンディル Kalkaji Mandir
- [ ] イスコン教寺院 ISKCON Temple

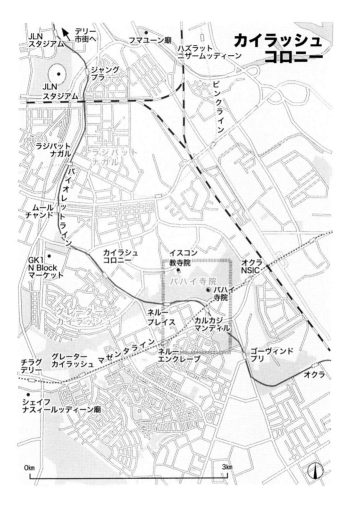

【地図】バハイ寺院

【地図】バハイ寺院の [★★★]
- [ ] バハイ寺院 Bahai House of Worship

【地図】バハイ寺院の [★☆☆]
- [ ] カルカジ・マンディル Kalkaji Mandir
- [ ] イスコン教寺院 ISKCON Temple

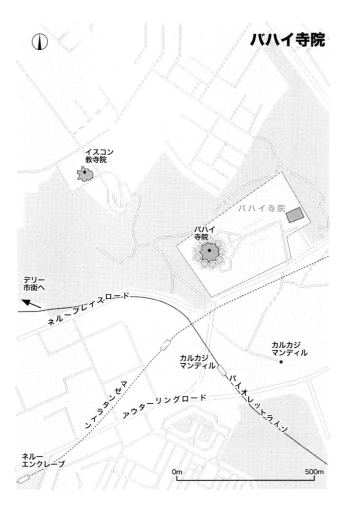

INDIA
北インド

नेहरु प्लेस ; ネルー・プレイス Nehru Place [★☆☆]

デリー市街南東部に位置し、ITの街として知られるネルー・プレイス。外資系企業のオフィスが集まり、高い教育を受けたインド人が出勤している。

लोटस टैंपल ;
バハイ寺院 Bahai House of Worship [★★★]

白い蓮のかたちをした外観が印象的なバハイ寺院。バハイ教はイスラム教シーア派の影響のもと、1844年のイランで生まれた宗教で、世界の統合、宗教と科学の調和などが教義

▲左　蓮のかたちをしたバハイ寺院。　▲右　カイラッシュ・コロニーにはインド人富裕層も多い

とされている。19世紀にバハウッラーによってはじめられ、宗祖バハウッラーは絶対神がこの世につかわしたモーゼ、ゾロアスター、ブッダ、クリシュナ、イエス、ムハンマドなどに続く人物だとされる。植物の蓮や9という極数がバハイ教の象徴と見られ、礼拝堂は九角形のプランをもつ。信者は世界200カ国に広がり、インドでは200万人以上の信者がいるという。

INDIA
北インド

イランで育まれた宗教

ゾロアスター教をはじめ、イランではこれまでマニ教やバハイ教など世界的に広がる宗教が生まれてきた。古代ペルシャのゾロアスター教徒は、イスラム教の拡大のなかで、イランからインドに集団移住し、ムンバイに多く暮らしている。また3世紀のササン朝ペルシャの時代に生まれたマニ教は本国では異端とされたが、中国に伝わって15世紀まで続き、道教のなかで消化された。バハイ教はイランでは異端とされているが、インドにはゾロアスター教とともにバハイ教最大のコミュニティがあり、宗教に寛容な風土を感じられる。

कालकाजी मंदिर；カルカジ・マンディル Kalkaji Mandir［★☆☆］

バハイ寺院のそばに立つヒンドゥー寺院のカルカジ・マンディル。カーリー女神がまつられていて、こぢんまりとしているが地元のヒンドゥー教徒の信仰を集めている。

इस्कों；イスコン教寺院 ISKCON Temple ［★☆☆］

グレーター・カイラッシュに立つイスコン教は南デリーの開発が進んだ1995年に建てられた。3つのシカラが立つ現代的な外観をもち，クリシュナ神を信仰するイスコン教（ヒンドゥー教から派生した新興宗教）の寺院となっている。

INDIA
北インド

南デリーと高級住宅街

1980年代からデリーの住宅事情は大きく変化した。当時はデリーでは一部の高額所得者しか家を立てることができなかったが、1990年代の経済自由化にともなう新中間層の台頭でよりよい住環境を求める人が増えるようになった。これにともなって南デリーが高級住宅街として整備され、グルガオンには高層マンションが姿を見せるようになった（開発が郊外に進んだ）。またこのあいだに金融機関の融資制度などが整備されることになったことも、住宅開発の後押しとなった。

Guide, Tughluqabad
トゥグルカーバード城市案内

デリーから南東に位置するトゥグラカーバード
デリーサルタナット朝時代の傑作建築のひとつ
ギース・アッディーン廟が残る

तुघ्लाकाबाद ; トゥグルカーバード Tughluqabad ［★☆☆］

14世紀、トゥグルク朝のスルタン・ギヤースッディーンと続くムハンマドの時代に築かれた城壁都市トゥグルカーバードの遺構。ラール・コート、シーリーに続くデリー第3の都で、この時代、デリー・サルタナット朝は最高の繁栄を見せていた（デリーのスルタンは南インドに影響をもった）。この都の造営を命じたギヤースッディーンはベンガルからの遠征の帰路、宿営地の天井の落下で生命を落とし、完成を見ることがなかった。

【地図】トゥグラカーバード

【地図】トゥグラカーバードの [★★★]
- [ ] バハイ寺院 Bahai House of Worship

【地図】トゥグラカーバードの [★★☆]
- [ ] ギース・アッディーン廟 Tomb of Ghiyath ad-Din

【地図】トゥグラカーバードの [★☆☆]
- [ ] トゥグルカーバード Tughluqabad

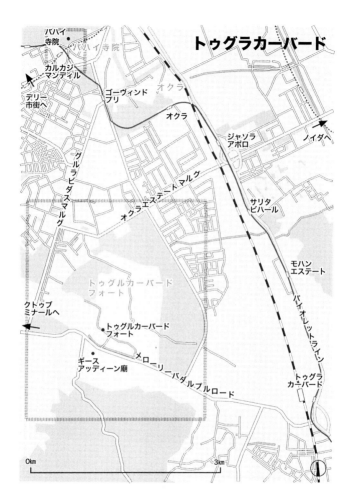

【地図】トゥグラカーバードフォート

【地図】トゥグラカーバードフォートの [★★☆]
- [ ] ギース・アッディーン廟 Tomb of Ghiyath ad-Din

【地図】トゥグラカーバードフォートの [★☆☆]
- [ ] トゥグルカーバード Tughluqabad

गयासुद्दीन तुगलक का मकबरा ;
ギース・アッディーン廟 Tomb of Ghiyath ad-Din ［★★☆］

赤砂岩の本体に白いドームが載るギヤース・アッディーン霊廟。ほぼ完全なかたちで残っていて、デリー・サルタナット朝を代表する建築となっている。アラーウッディーン・ハル

INDIA
北インド

ジー死後、ハルジー朝は混乱し、そんなかパンジャーブの将軍ギヤース・アッディーンが1320年、スルタンを名乗ってトゥグルク朝を樹立した。この時代、スルタンの威光は南インドにまでおよび、ムハンマドやフィローズ・シャーなど傑出したスルタンによって、トゥグルカーバード、ジャハーン・パナー、フィローザバードといった都が次々に造営された。

「天才と狂人」ムハンマド・ビン・トゥグルク

ギヤース・アッディーンのそばに眠るスルタン・ムハンマド・ビン・トゥグルクデリー・サルタナット朝のなかで一際異彩

▲左 インド・イスラム建築の傑作のひとつギース・アッディーン廟。 ▲右 廃墟となったデリー第3の都トゥグルカーバード

を放つ。トゥグルク朝第3代スルタンに即位すると（一説には自らの父を暗殺したという）、デリーからインド各地に兵を送り、デカンにダウラターバード（富の街）を築いて、デリーの住民を強制的に移住させた。早急な計画のため遷都は失敗に終わったが、デリーに戻ってきてからは古い都ラールコート、スィーリー、トゥグラカーバードを城壁で結ぶ巨大な第4の都ジャンパナーの造営にとりかかった（チベットにまで兵を送ろうと考えていたという）。ムハンマド・ビン・トゥグルクの治世のあいだにアラブの旅行家イブン・バットゥータがその宮廷を訪れ、「天才と狂人」とスルタンを評している。

Guide, Gurgaon
グルガオン城市案内

21世紀に入って急速な経済発展を見せるインド
その象徴とも言えるグルガオン
そこからは新しいインドの姿が見える

इंदिरा गांधी अन्तर्राष्ट्रीय विमानक्षेत्र；インディラ・ガンディー国際空港 Indira Gandhi International Airport ［★☆☆］

デリーの南西に位置するインディラ・ガンディー国際空港。南アジアのハブ空港として開業し、デリー市街部とはエアポートメトロで結ばれている。またちょうどデリーとグルガオンのあいだに位置し、グルガオンは空港から10kmという地の利がある。

गुड़गाँव；グルガオン Gurgaon ［★☆☆］

デリーから南32kmに位置するグルガオンは、急速に発展を

【地図】グルガオン

【地図】グルガオンの [★☆☆]
- [ ] グルガオン Gurgaon
- [ ] オールド・タウン Old Town
- [ ] インディラ・ガンディー国際空港 Indira Gandhi International Airport

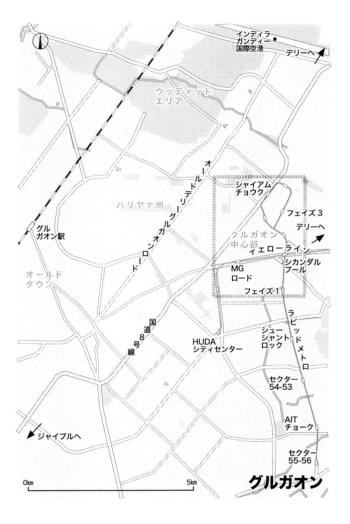

【地図】グルガオン中心部の [★☆☆]
- グルガオン Gurgaon

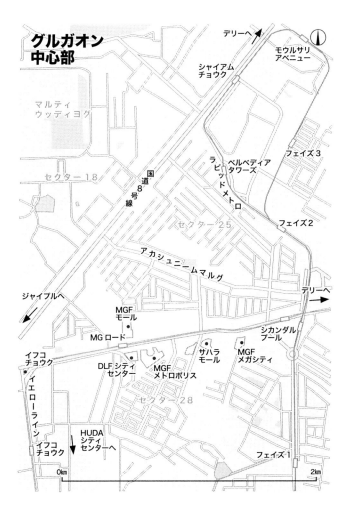

INDIA
北インド

続けるデリーの衛星都市で、地下鉄や国道8号線でデリーと結ばれている。外資、インド系企業などがオフィスを構える高層ビルが立ち、ビジネスマンや新中間層と呼ばれる消費意欲の旺盛な人々が行き交う。20世紀のはじめグルガオンは5000人ほどが暮らすほとんど何もない農村だったが、デリー首都圏構想のもと20世紀なかごろから急激に人口が増加した（1960年代から新興工業都市として発展をはじめ、2001年の計画人口は100万人だったが、それを上まわる速度で成長した）。街は公園やコミュニティセンター、緑地などを配して環境に配慮され、コールセンターやショッピングモール

▲左　インド人女性とインド人男性、インディラ・ガンディー国際空港にて
　▲右　デリー南部とグルガオンを中心に開発が進む

などがならぶ。

ハリヤナ方式

グルガオンはデリーに隣接したハリヤナ州に属し、ハリヤナ州都市開発公団（HUDA）の主導で街の開発が進められてきた。公団が直接開発するのではなく、民間ディベロッパーを呼び込み、開発許可のライセンスをあたえるというハリヤナ方式がとられ、外資系企業が積極的に誘致されてきた（ノイダでは公団が直接開発を行なっている）。こうしたなか、グルガオンの地域は民間の開発地域、工業地域、HUDAセ

ンター、開発対象外の在来村落の4つにわけられる。

पुराना शहर ; オールド・タウン Old Town ［★☆☆］

グルガオンという地名は、グルグラム村（精神的指導者の村）に由来し、オールド・タウンがこの街の発祥の地となっている。もともと1816年以来、グルガオンには行政がおかれ、この地方の農産物の集散地となってきた。そのためオールド・タウンには現在でも伝統てなバザールが残り、あたりの居住者は新中間層と呼ばれる人々とは職業や生活スタイルが大きく異る。

Guide, Noida
ノイダ 城市案内

デリーからジャムナ河を越えた先は
ウッタル・プラデシュ州
開発が進むノイダが位置する

नोएडा；ノイダ Noida ［★☆☆］

ジャムナ河をはさんで南東に位置するデリーの衛星都市ノイダ。デリー首都圏構想のもと 1970 年代から開発がはじまった新興工業都市で、ウッタル・プラデーシュ州に位置する（デリーとの州境、国道 24 号線、ヒンダン川に囲まれた場所）。地下鉄で結ばれたデリーへの立地、土地の価格や優遇制度などから、自動車産業をはじめとする各国企業の進出が進み、開発時期にあわせてフェイズ 1、2、3 という地名が見られる。

INDIA
北インド

ノイダの開発

デリー市街に集中する産業構造を郊外に移すという計画は1970年代から進み、当初南デリーのオクラに工業団地が構えられていた。橋でオクラと結ばれているノイダという名前は、ニューオクラ工業開発公社の略称で、それがそのまま地名になった。ノイダの開発は、この公団主導で進められ、現在、このノイダのさらに南東10〜15kmの場所にグレーターノイダが開発されている（完成車メーカーはより広い敷地面積がとれるグレーターノイダ、部品メーカーなどはノイダに工場を構えるなどの性格があるという）。

【MEMO】

【地図】ノイダの [★☆☆]

- [ ] ノイダ Noida

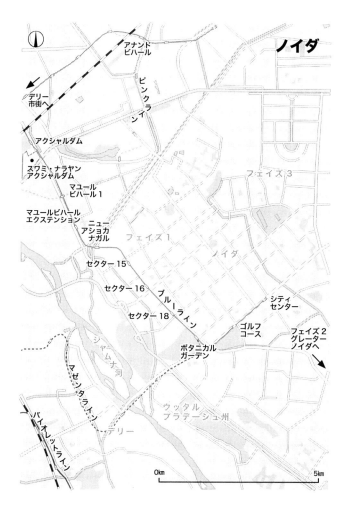

イスラムのインド浸透

シヴァやヴィシュなど多くの神々をもつヒンドゥー教
一方、イスラム教では絶対神アッラーが信仰される
神と神々をいただく宗教の交わり

ヒンドゥー教とイスラム教

インドでは、中世のイスラム教徒の侵入以来、ヒンドゥー教（インド人の8割が信仰する）とイスラム教（少数派ながら1億人以上の信者を抱える）が共存している。インドの自然や風土から育まれた土着の多神教と、アラビア半島で生まれた一神教は、偶像崇拝をめぐる見解など、教義や信仰形態が大きく異なる。とくにムガル帝国第6代アウラングゼーブ帝や近代イギリスの宗教分離政策で両者は対立を深めることになった。イスラム教徒を中心としたパキスタンは英領インドから分離独立し、さらにそこから「ベンガル人の国」バング

▲左 デリーはヒンドゥー教とイスラム教が共存する都。 ▲右 クトゥブ地区のモスクはヒンドゥー寺院を壊してつくられた

ラデシュが再独立している。

イスラム征服者

7世紀、アラビア半島で生まれたイスラム教は、預言者ムハンマドの死後も勢力を拡大させ、711年、インダス河下流域のシンド地方をアラブ軍が征服したことで南アジアにはじめてイスラム教が伝わった。その後、中央アジアのイスラム王朝（ガズニ朝、ゴール朝）が富を求めてインドに侵入し、略奪、殺戮を繰り返した。これらの王朝はインド侵略後、本拠の中央アジアへ引き返したが、ゴール朝の武将クトゥブッディー

ヒンドゥー教とイスラム教のかんたんな比較

	ヒンドゥー教	イスラム教
神	多神教	一神教
中世のおもな信者	被支配者のインド人	統治者のペルシャ、トルコ人
偶像崇拝	有	無
性格	他宗教へ寛容	『コーラン』の教えに厳格
特徴	インド土着の宗教	世界的に広がる宗教
埋葬	火葬して遺灰を河に流す	土葬し、墓に納める
食べもののタブー	聖なる生きもの牛	ブタを口にしてはならない

ン・アイバクはデリーで奴隷王朝を創始し、以後、デリーに都をおいたデリー・サルタナット朝が300年続いた。また16世紀、ムガル帝国が樹立され、デリーは第5代シャー・ジャハーン帝以後、帝国の都となり、600年間にわたってデリーはイスラム統治者をあおぐことになった。

イスラム教への改宗

7世紀にアラビア半島がイスラム化すると、商人たちは行く先々の港で礼拝を行ない、妻をめとったことから南インドのマラバール海岸などでは早くからイスラム教に帰依したイン

INDIA
北インド

ド人がいたと考えられる（グジャラート、カリカットなどにイスラムコミュニティがあった）。またイスラム聖者が庵を結んでが布教を行ない、ヒンドゥー教徒がイスラム聖者を信仰するといった現象も起こっていた（デリーではニザームッディーン・アウリヤー廟などが残る）。イスラム教では絶対神アッラーの前では人はみな平等だと説かれるため、低カースト者が改宗するといった事例が見られた。

South Delhi

イスラムのインド浸透

参考文献

『多重都市デリー』(荒松雄 / 中央公論社)

『世界の歴史 14 ムガル帝国から英領インドへ』(佐藤正哲 / 中央公論社)

『インド建築案内』(神谷武夫 /TOTO 出版)

『ヒンドゥー教とイスラム教』(荒松雄 / 岩波書店)

『デリー』(東京大学東洋文化研究所)

『デリー南郊・グルガオンにおける都市開発』(由井義通 / 季刊地理学)

『デリー首都圏における自動車工業の集積とその地域構造 ノイダ , グレーター・ノイダを事例として』(友澤和夫 / 経済地理学年報)

『世界大百科事典』(平凡社)

『東京大学東洋文化研究所』(web)

[PDF] デリー地下鉄路線図 http://machigotopub.com/pdf/delhimetro.pdf

まちごとパブリッシングの旅行ガイド

Machigoto INDIA , Machigoto ASIA , Machigoto CHINA

【北インド - まちごとインド】

001 はじめての北インド
002 はじめてのデリー
003 オールド・デリー
004 ニュー・デリー
005 南デリー
012 アーグラ
013 ファテープル・シークリー
014 バラナシ
015 サールナート
022 カージュラホ
032 アムリトサル

【西インド - まちごとインド】

001 はじめてのラジャスタン
002 ジャイプル
003 ジョードプル
004 ジャイサルメール
005 ウダイプル
006 アジメール(プシュカル)
007 ビカネール
008 シェカワティ
011 はじめてのマハラシュトラ
012 ムンバイ
013 プネー
014 アウランガバード
015 エローラ
016 アジャンタ
021 はじめてのグジャラート
022 アーメダバード
023 ヴァドダラー(チャンパネール)
024 ブジ(カッチ地方)

【東インド - まちごとインド】

002 コルカタ
012 ブッダガヤ

【南インド - まちごとインド】

001 はじめてのタミルナードゥ
002 チェンナイ
003 カーンチプラム
004 マハーバリプラム
005 タンジャヴール
006 クンバコナムとカーヴェリー・デルタ
007 ティルチラパッリ
008 マドゥライ
009 ラーメシュワラム
010 カニャークマリ
021 はじめてのケーララ
022 ティルヴァナンタプラム
023 バックウォーター(コッラム〜アラップーザ)
024 コーチ(コーチン)
025 トリシュール

【ネパール - まちごとアジア】

001 はじめてのカトマンズ
002 カトマンズ
003 スワヤンブナート

004 パタン
005 バクタプル
006 ポカラ
007 ルンビニ
008 チトワン国立公園

【バングラデシュ - まちごとアジア】

001 はじめてのバングラデシュ
002 ダッカ
003 バゲルハット（クルナ）
004 シュンドルボン
005 プティア
006 モハスタン（ボグラ）
007 パハルプール

【パキスタン - まちごとアジア】

002 フンザ
003 ギルギット（KKH）
004 ラホール
005 ハラッパ
006 ムルタン

【イラン - まちごとアジア】

001 はじめてのイラン
002 テヘラン
003 イスファハン
004 シーラーズ
005 ペルセポリス
006 バリルガダエ（ナグシェ・ロスタん）
007 ヤズド
008 チョガ・ザンビル（アフヴァーズ）
009 タブリーズ

010 アルダビール

【北京 - まちごとチャイナ】

001 はじめての北京
002 故宮（天安門広場）
003 胡同と旧皇城
004 天壇と旧崇文区
005 瑠璃廠と旧宣武区
006 王府井と市街東部
007 北京動物園と市街西部
008 頤和園と西山
009 盧溝橋と周口店
010 万里の長城と明十三陵

【天津 - まちごとチャイナ】

001 はじめての天津
002 天津市街
003 浜海新区と市街南部
004 薊県と清東陵

【上海 - まちごとチャイナ】

001 はじめての上海
002 浦東新区
003 外灘と南京東路
004 淮海路と市街西部
005 虹口と市街北部
006 上海郊外（龍華・七宝・松江・嘉定）
007 水郷地帯（朱家角・周荘・同里・甪直）

【河北省 - まちごとチャイナ】

001 はじめての河北省
002 石家荘
003 秦皇島
004 承徳
005 張家口
006 保定
007 邯鄲

【江蘇省 - まちごとチャイナ】

001 はじめての江蘇省
002 はじめての蘇州
003 蘇州旧城
004 蘇州郊外と開発区
005 無錫
006 揚州
007 鎮江
008 はじめての南京
009 南京旧城
010 南京紫金山と下関
011 雨花台と南京郊外・開発区
012 徐州

【浙江省 - まちごとチャイナ】

001 はじめての浙江省
002 はじめての杭州
003 西湖と山林杭州
004 杭州旧城と開発区
005 紹興
006 はじめての寧波
007 寧波旧城
008 寧波郊外と開発区
009 普陀山
010 天台山
011 温州

【福建省 - まちごとチャイナ】

001 はじめての福建省
002 はじめての福州
003 福州旧城
004 福州郊外と開発区
005 武夷山
006 泉州
007 厦門
008 客家土楼

【広東省 - まちごとチャイナ】

001 はじめての広東省
002 はじめての広州
003 広州古城
004 天河と広州郊外
005 深圳（深セン）
006 東莞
007 開平（江門）
008 韶関
009 はじめての潮汕
010 潮州
011 汕頭

【遼寧省 - まちごとチャイナ】

001 はじめての遼寧省
002 はじめての大連
003 大連市街
004 旅順
005 金州新区

006 はじめての瀋陽
007 瀋陽故宮と旧市街
008 瀋陽駅と市街地
009 北陵と瀋陽郊外
010 撫順

【重慶 - まちごとチャイナ】

001 はじめての重慶
002 重慶市街
003 三峡下り(重慶〜宜昌)
004 大足

【香港 - まちごとチャイナ】

001 はじめての香港
002 中環と香港島北岸
003 上環と香港島南岸
004 尖沙咀と九龍市街
005 九龍城と九龍郊外
006 新界
007 ランタオ島と島嶼部

【マカオ - まちごとチャイナ】

001 はじめてのマカオ
002 セナド広場とマカオ中心部
003 媽閣廟とマカオ半島南部
004 東望洋山とマカオ半島北部
005 新口岸とタイパ・コロアン

【Juo-Mujin(電子書籍のみ)】

Juo-Mujin 香港縦横無尽
Juo-Mujin 北京縦横無尽
Juo-Mujin 上海縦横無尽

【自力旅游中国 Tabisuru CHINA】

001 バスに揺られて「自力で長城」
002 バスに揺られて「自力で石家荘」
003 バスに揺られて「自力で承徳」
004 船に揺られて「自力で普陀山」
005 バスに揺られて「自力で天台山」
006 バスに揺られて「自力で秦皇島」
007 バスに揺られて「自力で張家口」
008 バスに揺られて「自力で邯鄲」
009 バスに揺られて「自力で保定」
010 バスに揺られて「自力で清東陵」
011 バスに揺られて「自力で潮州」
012 バスに揺られて「自力で汕頭」
013 バスに揺られて「自力で温州」

【車輪はつばさ】
南インドのアイラヴァテシュワラ寺院には建築本体に車輪がついていて寺院に乗った神さまが人びとの想いを運ぶと言います。

・本書はオンデマンド印刷で作成されています。
・本書の内容に関するご意見、お問い合わせは、発行元の
　まちごとパブリッシング info@machigotopub.com までお願いします。

まちごとインド
北インド005南デリー
～イスラム征服王朝と「その足跡」[モノクロノートブック版]

2017年11月14日　発行

著　者	「アジア城市（まち）案内」制作委員会
発行者	赤松　耕次
発行所	まちごとパブリッシング株式会社 〒181-0013　東京都三鷹市下連雀4-4-36 URL http://www.machigotopub.com/
発売元	株式会社デジタルパブリッシングサービス 〒162-0812　東京都新宿区西五軒町11-13 清水ビル3F
印刷・製本	株式会社デジタルパブリッシングサービス URL http://www.d-pub.co.jp/

MP005

ISBN978-4-86143-139-5 C0326　　　　Printed in Japan
本書の無断複製複写（コピー）は、著作権法上での例外を除き、禁じられています。